FULL SCORE
WSB-07-011

吹奏楽譜 ブラスロック・シリーズ
BRASS ROCK

Make Her Mine -Brass Rock-

作曲：Eric Leese　編曲：郷間幹男

楽器編成表

Piccolo	B♭ Trumpet 1	Drums
Flute 1	B♭ Trumpet 2	Timpani
Flute 2	B♭ Trumpet 3	Percussion 1
Oboe	F Horns 1 & 2	...Tambourine
Bassoon	F Horns 3 (& *4*)	Percussion 2
E♭ Clarinet	Trombone 1	...Glockenspiel
B♭ Clarinet 1	Trombone 2	Percussion 3
B♭ Clarinet 2	Trombone 3	...Vibraphone, Wind Chime
B♭ Clarinet 3	Euphonium	
Alto Clarinet	Tuba	Full Score
Bass Clarinet	Electric Bass	
Alto Saxophone 1	(String Bass)	
Alto Saxophone 2		
Tenor Saxophone		
Baritone Saxophone		

＊イタリック表記の楽譜はオプション

吹奏楽譜 ブラスロック・シリーズ

Make Her Mine -Brass Rock-

曲目解説

　ウィンズスコアが自信を持ってオススメする"ブラスロック"。真打ち『Make Her Mine』の登場です！原曲は1964年にイギリスのモッズ系バンド、ヒップスター・イメージがリリースしたナンバー。日本では、1999年にLEVI'S「Colors & Tight Fit Jeans」のCMにて使われたほか、映画「スウィングガールズ」の劇中で女の子たちが演奏し、大きな話題になりました。このノリノリナンバーを、吹奏楽で演奏できるよう"ブラスロック"にアレンジ！すべての楽器に、響く音域を考えられて編曲されています。また曲中には、トランペットまたはトロンボーン、アルトサックスと、2箇所のソロがあり、コンサート会場を盛り上げるための工夫が随所にあります。全体で同じバッキングをする箇所などもあり、変化に富んだ"ブラスロック"を体感することができます。2007年5月に実施された「2007 ジャパンバンドクリニック」のオープニングコンサートでは、龍谷大学吹奏楽部が初演。会場と奏者が一体となって盛り上がり、大きな喝采を集めました。難易度的にも、すべてのバンドにおすすめしたい作品。コンサートを盛り上げるための作品として、ぜひ"ブラスロック"を体感してください！

演奏のポイント

　ブラスロック風にアレンジした、ちょっと変わった曲になっています。楽譜上に表記されているアーティキュレーションをしっかりと演奏してみてください。山形アクセント記号がついている音は少し長めに演奏してください。また、スタッカートはより短く演奏してみてください。中間部に出てくるユニゾン（バッキング）フレーズは演奏時間によってカットしてもOKです。パート別にフレーズをずらしたりしていますので、各パート毎にしっかりと演奏してください。ソロはアドリブで自由に演奏してください。ブルーノート音階（G、B♭、C、D♭、D、F）を使うとアドリブっぽく聞こえます。もちろん自由に演奏してください。

(by 郷間幹男)

編曲者プロフィール / 郷間幹男(Mikio Gohma)

　中学よりトロンボーンを始め、大学在学中に「YAMAHA T・M・F」全国大会優勝・グランプリ受賞。
　1997年、ファンハウス(現ソニー・ミュージックレーベルズ)よりサックス・プレイヤーとしてメジャーデビュー。デビューシングル『GIVE YOU』は、フジTV系「平成教育委員会」エンディングテーマ、サークルK CMテーマ曲になり、オリコンチャートや、全国各地のFMチャート上位を独占。その他にも日本コカ・コーラ社のオリンピック・タイアップ曲や、フジTV系「発掘あるある大辞典II」などのBGMを演奏。
　芸能活動を続けながらも吹奏楽指導や作・編曲など、吹奏楽活動も積極的に続け、中でもブラス・アレンジにはかなりの定評がある。
　これまでの経験を活かし株式会社ウィンズスコアを設立、代表取締役社長に就任。現在、社長業の傍ら全国の吹奏楽トップバンドへの編曲や指導なども行っており、その実力からコンクール、アンサンブルコンテストの審査員も務める。
　主な作品に、『コンサートマーチ「虹色の未来へ」』(2018年度全日本吹奏楽コンクール課題曲)等がある。

Make Her Mine – 9

Make Her Mine - 10

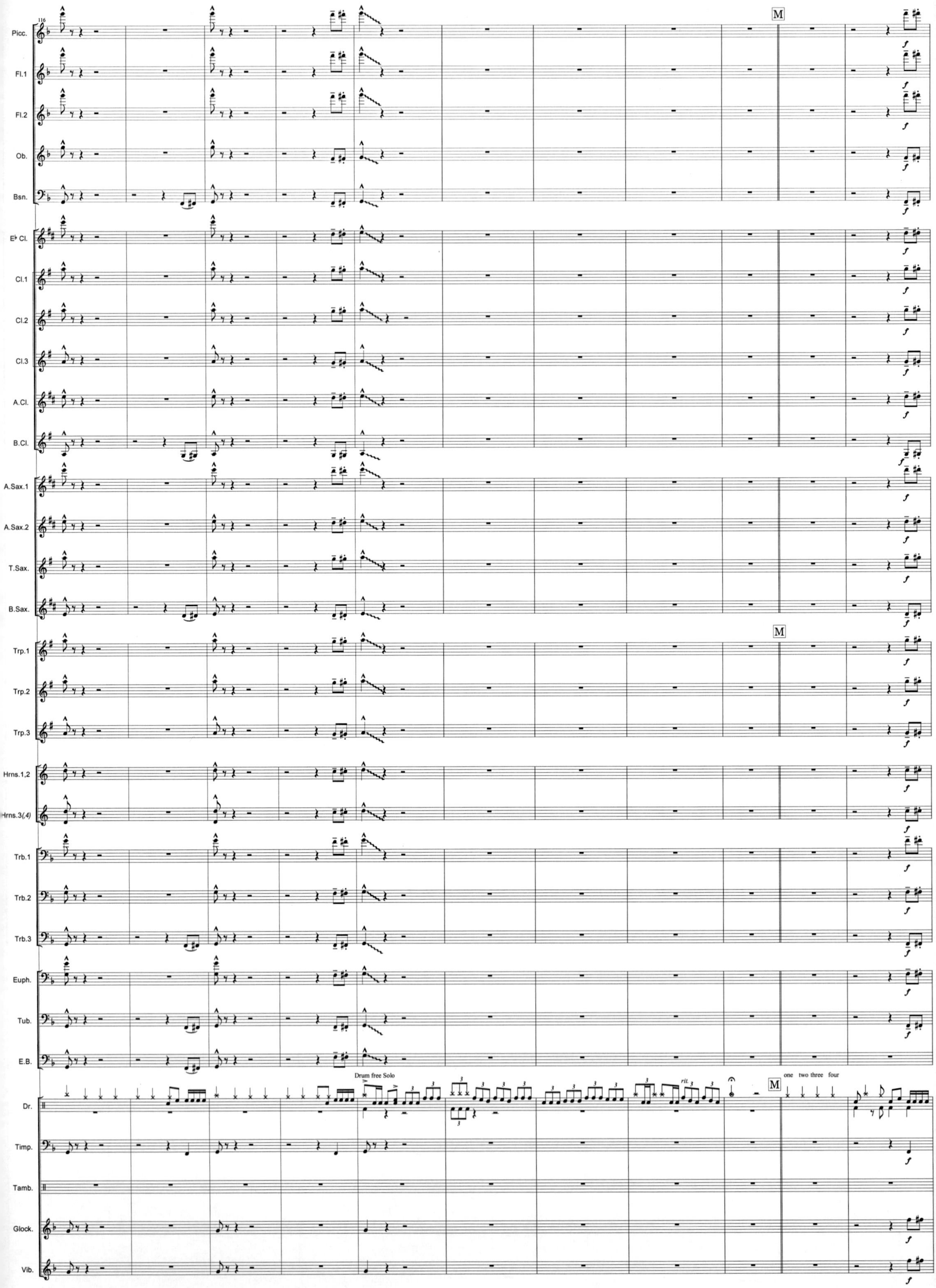
116
M
Picc.
Fl.1
Fl.2
Ob.
Bsn.
E♭ Cl.
Cl.1
Cl.2
Cl.3
A.Cl.
B.Cl.
A.Sax.1
A.Sax.2
T.Sax.
B.Sax.
Trp.1
Trp.2
Trp.3
Hrns.1,2
Hrns.3(4)
Trb.1
Trb.2
Trb.3
Euph.
Tub.
E.B.
Dr.
Timp.
Tamb.
Glock.
Vib.
Drum free Solo
rit.
one two three four
f

ご注文について

ウィンズスコアの商品は全国の楽器店、ならびに書店にてお求めになれますが、店頭でのご購入が困難な場合、当社PC&モバイルサイト・FAX・電話からのご注文で、直接ご購入が可能です。

◎当社PCサイトでのご注文方法

http://www.winds-score.com

上記のURLへアクセスし、WEBショップにてご注文ください。

◎FAXでのご注文方法

FAX.03-6809-0594

24時間、ご注文を承ります。当社サイトよりFAXご注文用紙をダウンロードし、印刷、ご記入の上ご送信ください。

◎お電話でのご注文方法

TEL.0120-713-771

営業時間内に電話いただければ、電話にてご注文を承ります。

◎モバイルサイトでのご注文方法

右のQRコードを読み取ってアクセスいただくか、URLを直接ご入力ください。

※この出版物の全部または一部を権利者に無断で複製(コピー)することは、著作権の侵害にあたり、著作権法により罰せられます。

※造本には十分注意しておりますが、万一、落丁・乱丁などの不良品がありましたらお取り替えいたします。また、ご意見・ご感想もホームページより受け付けておりますので、お気軽にお問い合わせください。

Alto Saxophone Solo

MAKE HER MINE
- Brass Rock -

『ラブ・ポップ・ウィンズα』ＣＤ収録版ソロ

comp. by ERIC LEESE
arr.by 郷間幹男

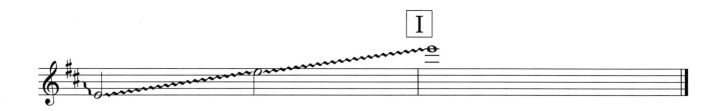

Trombone Solo

MAKE HER MINE
- Brass Rock -

comp. by ERIC LEESE
arr.by 郷間幹男

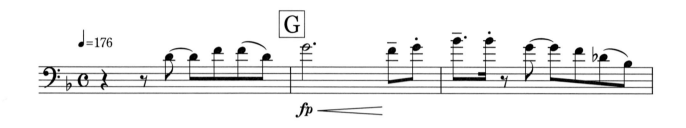

Alto Saxophone 1

MAKE HER MINE
- Brass Rock -

comp. by ERIC LEESE
arr. by 郷間幹男

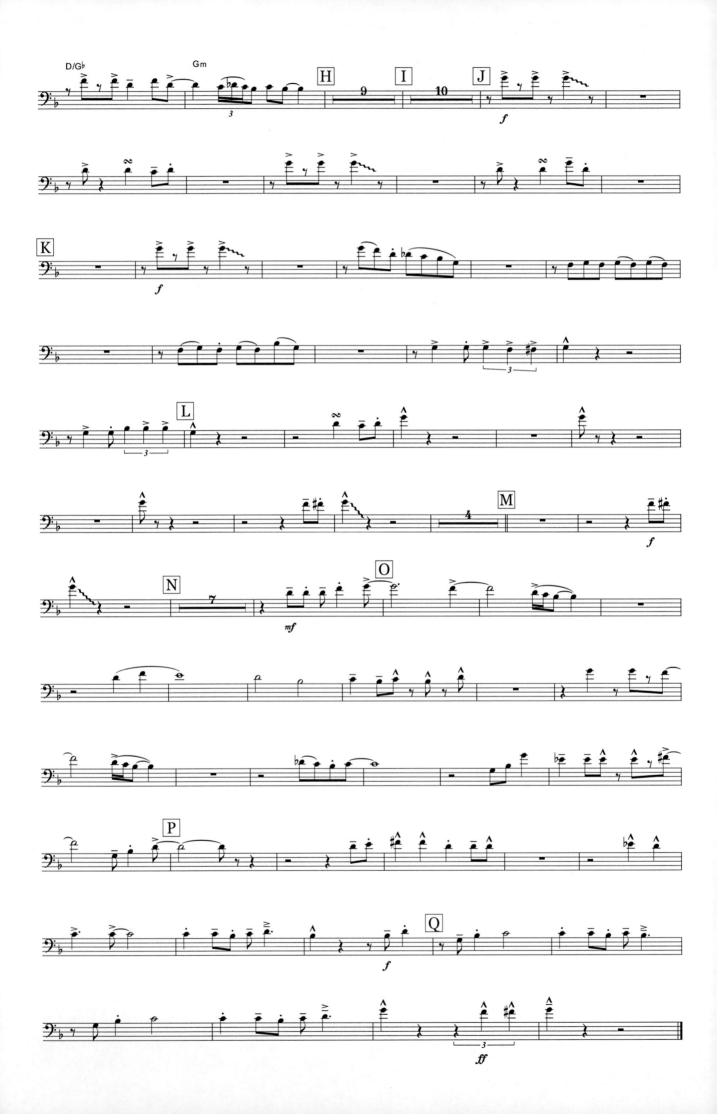

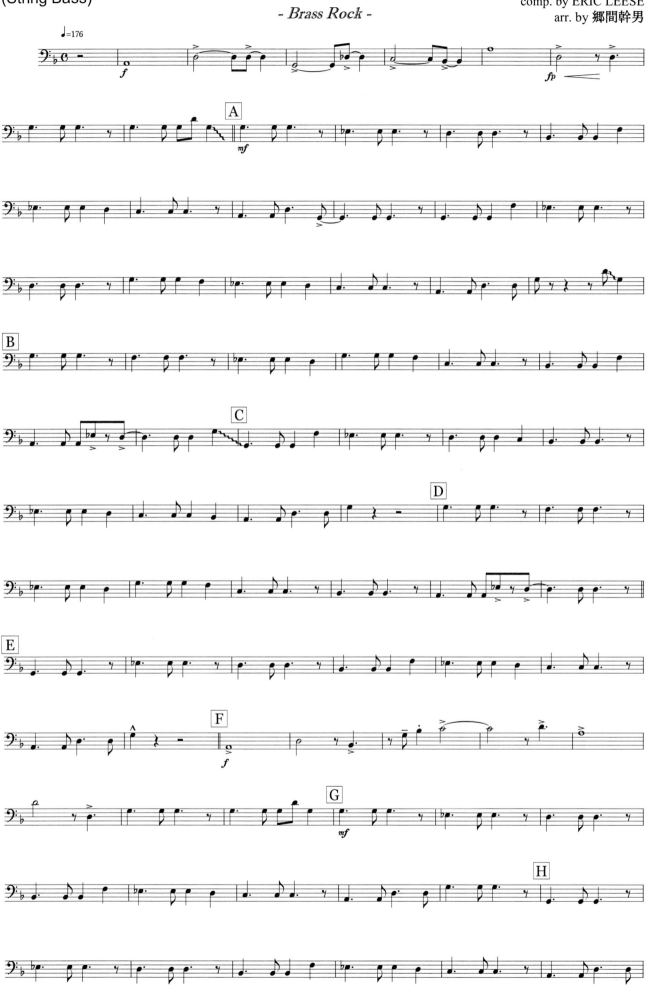

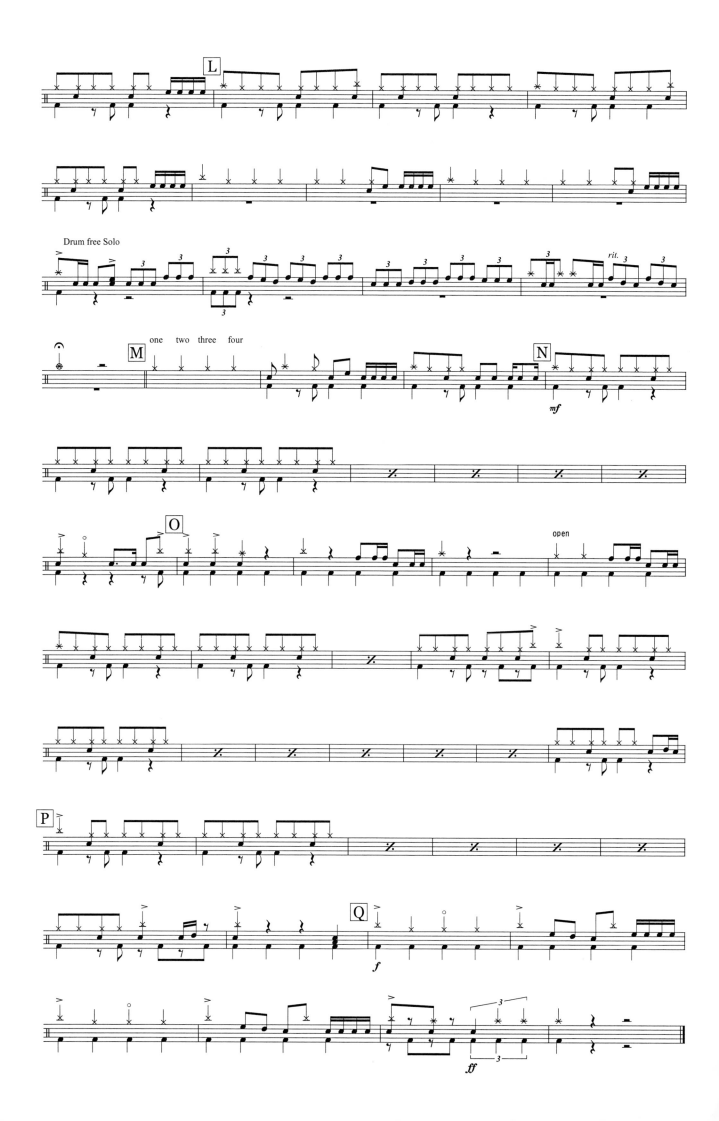

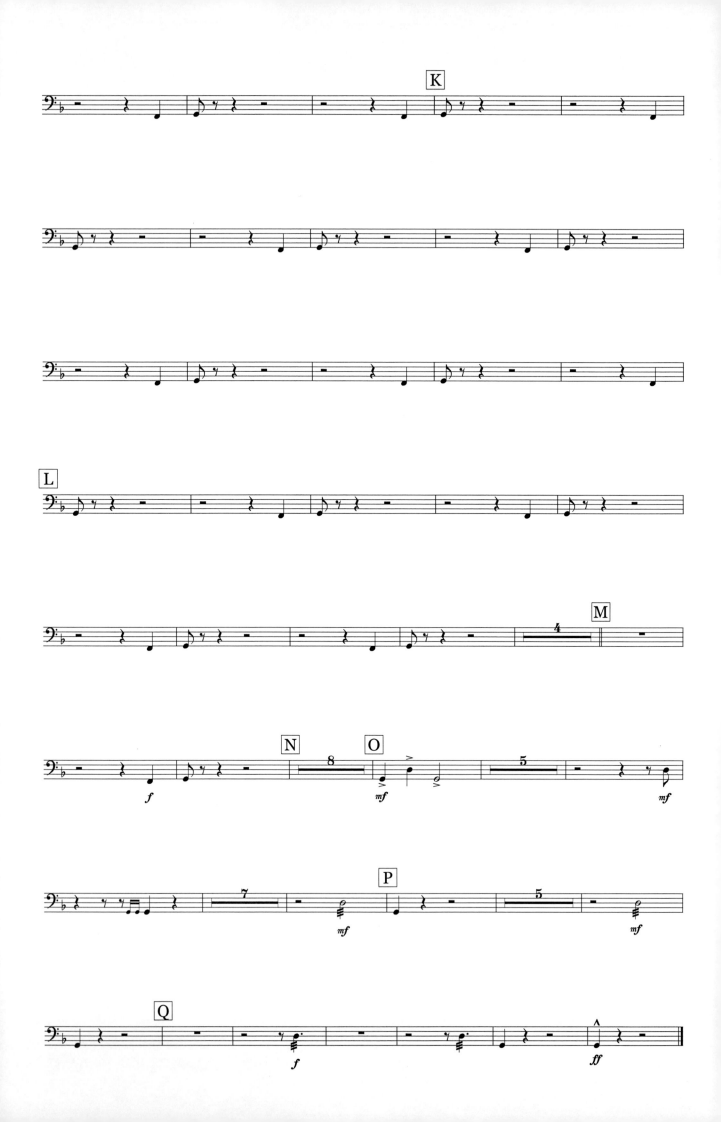

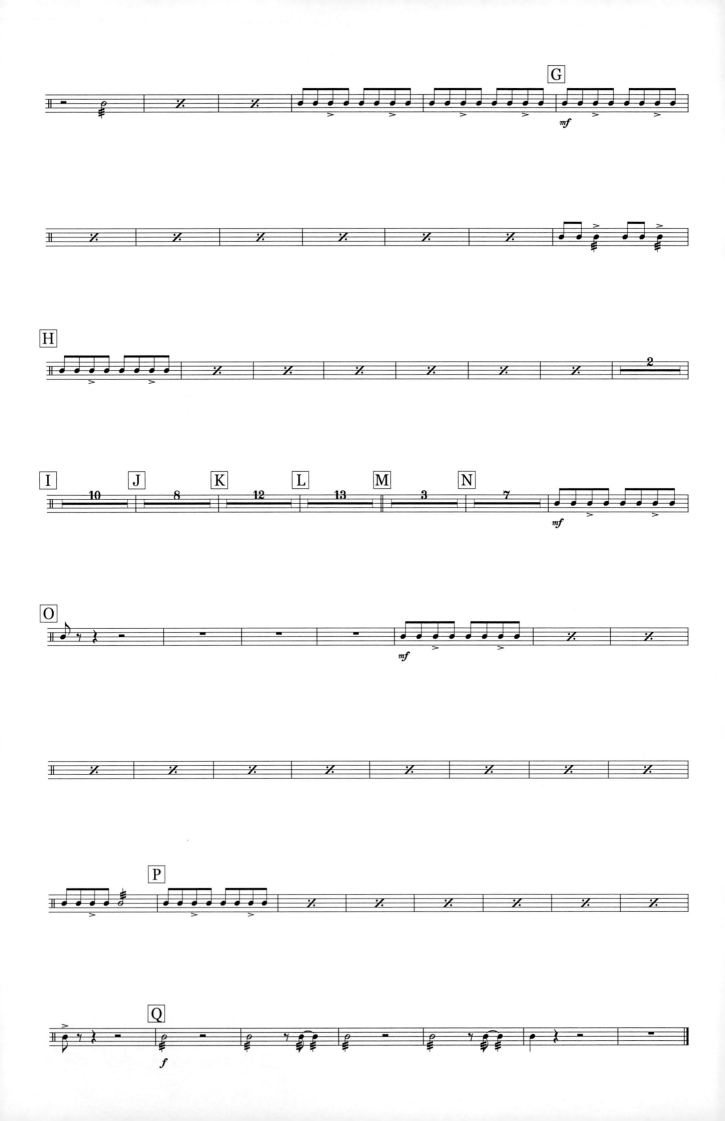